THE
SUDOKU
CODE

THE SUDOKU CODE

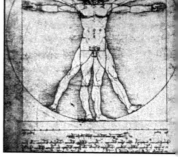

**Francis Heaney
& Frank Longo**

200 Sudoku Puzzles. One Answer. Can You Find It?

Sterling Publishing Co., Inc.
New York

2   4   6   8   10   9   7   5   3

Published by Sterling Publishing Co., Inc.
387 Park Avenue South, New York, NY 10016
© 2006 by Francis Heaney and Frank Longo
Distributed in Canada by Sterling Publishing
$^{c}/_{o}$ Canadian Manda Group, 165 Dufferin Street
Toronto, Ontario, Canada M6K 3H6
Distributed in the United Kingdom by GMC Distribution Services
Castle Place, 166 High Street, Lewes, East Sussex, England BN7 1XU
Distributed in Australia by Capricorn Link (Australia) Pty. Ltd.
P.O. Box 704, Windsor, NSW 2756, Australia

Manufactured in the United States of America
All rights reserved

Sterling ISBN-13: 978-1-4027-4009-1
ISBN-10: 1-4027-4009-3

For information about custom editions, special sales, premium and
corporate purchases, please contact Sterling Special Sales
Department at 800-805-5489 or specialsales@sterlingpub.com.

CONTENTS

INTRODUCTION

HOW TO SOLVE SUDOKU PUZZLES

To solve sudoku puzzles, all you need to know is this one simple rule:

Fill in the boxes so that the nine rows, the nine columns, and the nine 3×3 sections all contain every digit from 1 to 9.

And that's all there is to it! Using this simple rule, let's see how far we get on this sample puzzle below. (The letters at the top and left edges of the puzzle are for reference only; you won't see them in the regular puzzles.)

The first number that can be filled in is an obvious one: box EN is the only blank box in the center 3×3 section, and all the digits 1 through 9 are represented except for 5. EN must be 5.

The next box is a little trickier to discover. Consider the upper left 3×3 section of the puzzle.

	A	B	C	D	E	F	G	H	I
J									
K				2			1	8	4
L	9		5		7		2		6
M	1		4	3	9	2		7	
N					7		6		
O		7		1	4	8	9		2
P	3		2		6			8	5
Q	8	4	9		3				
R									

Where can a 4 go? It can't go in AK, BK, or CK because row K already has a 4 at IK. It can't go in BJ or BL because column B already has a 4 at BQ. It can't go in CJ because column C already has a 4 at CM. So it must go in AJ.

Another box in that same section that can now be filled is BJ. A 2 can't go in AK, BK, or CK due to the 2 at EK. The 2 at GL rules out a 2 at BL. And the 2 at CP means that a 2 can't go in CJ. So BJ must contain the 2. It is worth noting that this 2 couldn't have been placed without the 4 at AJ in place. Many of the puzzles rely on this type of steppingstone behavior.

We now have a grid as shown.

Let's examine column A. There are four blank boxes in column A; in which blank box must the 2 be placed? It can't be AK because of the 2 in EK (and the 2 in BJ). It can't be AO because of the 2 in IO. It can't be AR because of the 2 in CP. Thus, it must be AN that has the 2.

By the 9's in AL, EM, and CQ, box BN must be 9. Do you see how?

We can also determine the value for box IM. Looking at row M and then column I, we find all the digits 1 through 9 are represented but 8. IM must be 8.

This brief example of some of the techniques leaves us with the grid at right.

	A	B	C	D	E	F	G	H	I
J	4	2							
K					2		1	8	4
L	9		5		7		2		6
M	1		4	3	9	2		7	
N				7	5	6			
O		7		1	4	8	9		2
P	3		2		6		8		5
Q	8	4	9		3				
R									

	A	B	C	D	E	F	G	H	I
J	4	2							
K					2		1	8	4
L	9		5		7		2		6
M	1		4	3	9	2		7	8
N	2	9		7	5	6			
O		7		1	4	8	9		2
P	3		2		6		8		5
Q	8	4	9		3				
R									

You should now be able to use what you learned to fill in CN followed by BL, then HL followed by DL and FL.

As you keep going through this puzzle, you'll find it gets easier as you fill in more. And as you keep working through the puzzles in this book, you'll find more methods to help you solve. The final answer is shown at left.

	A	B	C	D	E	F	G	H	I
J	4	2	1	6	8	3	5	9	7
K	7	3	6	5	2	9	1	8	4
L	9	8	5	4	7	1	2	3	6
M	1	5	4	3	9	2	6	7	8
N	2	9	8	7	5	6	4	1	3
O	6	7	3	1	4	8	9	5	2
P	3	1	2	9	6	7	8	4	5
Q	8	4	9	2	3	5	7	6	1
R	5	6	7	8	1	4	3	2	9

HOW TO SOLVE THIS BOOK

So now that you've read about solving sudoku puzzles (or skipped straight ahead to this part of the introduction because you already know how to solve sudoku puzzles), let's talk about what you'll need to know to solve this book.

First of all, you may have noticed that half the puzzles in this book have letters in the grid instead of numbers. These are "wordoku" puzzles, and they work exactly like sudoku. Each grid has nine letters in it, and each letter appears exactly once in each row, column, and 3×3 square. The nine letters (which are different in each puzzle) are given below the grid, anagrammed into an easy-to-remember word or phrase that you can keep in mind while solving the puzzle (like GRAYED OUT in the example below).

More importantly, unlike most sudoku books, this collection has an overarching puzzle; solving the puzzles will reveal a hidden message that will give you a set of instructions. Following those instructions carefully will lead you to a clue, the answer to which is a three-word phrase. And if you send us the form provided in the back of the book (facsimiles are *not* acceptable) with a self-addressed stamped envelope, we'll send you a button you can wear to announce to the world, "I cracked the Sudoku Code!"

A		T	Y					O
			A			T	R	
				T	R			Y
					D	O	G	
Y	G						E	U
	E	A	R					
T			D	U				
	D	U			A			
G					Y	U		D

G R A Y E D O U T

How can you find this hidden message? Here's how it works. All the puzzles are presented in pairs: a sudoku puzzle on the left-hand page and a wordoku puzzle on the right, as on the next page.

You'll notice that one empty square in the sudoku grid has a circle in it. You don't have to worry about that until you've solved the puzzle, after which it will look like the grid at right.

Notice which number has the circle around it; in this case, it's 2. The next step is to find all the other 2's in the grid and circle them as well. Now, solve the wordoku puzzle, as shown at right.

We've arrived at the final step. Look at the sudoku grid and note which squares have circles in them. Then add circles to the corresponding squares in the wordoku grid, as shown on the next page.

If you read the circled letters in the wordoku grid from top to bottom, you'll see they spell READY TO GO. This is how you'll read the hidden message: by taking nine letters from each wordoku grid in order through the book. And now that you know how it's done, you're almost ready to go yourself! But before you start solving, a couple pieces of advice.

The letters you find in the wordoku puzzles will give you the hidden message, but the word breaks are not provided for you; you'll have to figure those out yourself. And it is possible to solve this book without solving every single puzzle, but that's a risky strategy to take, since important pieces of information appear throughout the hidden message, and if you skip a key section, it'll be much, much harder to find the final answer.

The puzzles are divided into five levels of difficulty: easy (one star), medium (two stars), tricky (three stars), hard (four stars), and cruel (five stars). There are 20 pairs of puzzles at each level of difficulty.

Good luck, and good solving!

—Francis Heaney & Frank Longo

EASY

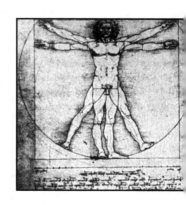

1

★

1				8		5		
		6			7			1
	8		1			2	6	
		2			5			6
		7		3		9		
5			9			7		
	1	5			6		7	
9			4			3		
		4		1				9

	T				F	U	R	Y
U		O		E				
				U	A			E
			Y				O	
	U	H				Y	F	
	F				E			
Y			A	R				
				Y		T		A
F	A	T	E				Y	

H	E	Y	F	A	R	O	U	T

9		7	6	8				
			3				1	9
						7	2	6
1			8				4	
		6		1		5		
	7				4			3
3	6	5						
2	9				3			○
				5	1	6		2

F	I	N	E		S			
			H	F		E		
E	V	H						
I		E					L	
			F		L			
	L					S		V
						F	E	N
		F		E	N			
			V		F	A	I	L

V	A	I	N	F	L	E	S	H

7	6	5		1				
	2		5					
				7	4	5		6
8					5	9		
6	9						5	4
		1	3					2
2		3	1	8				
◯					2		3	
				6		2	9	7

		N			F		I	G
E	G	I						
O				D				L
K						L		
		D	O	I	N	G		
	N							O
G				O				K
						L	O	I
D	I		K			N		

G	O	L	D	K	N	I	F	E

5	8			1				
7		9			3	4		
1					7		6	2
			9		5			
6		4				3		9
			2		4			
9	2		6					4
		6	1			5		8
			○	4			1	6

H		G	T					
O				I		G		
I			L	H			T	
W	I	N					H	
			N		H			
	L					W	O	N
	H			G	L			O
		T		N				L
					O	I		A

H	O	W	L	I	N	G	A	T

5

★

	1	8				2		
3			8	1			6	
5			3					9
	7			9				8
		2	5		3	1		
8				6			2	
6					5			3
	4			3	7			1
		3			◯	6	9	

				H	I		N	
S							H	
	N		S					U
		E	U			S	I	
		F	R	E	S	H		
	R	S			N	U		
H					R		E	
	D							I
	U		I	N				

FURNISHED

2			9	1	6			
				4	3		2	
1						9	4	
		4	2			7		
	1	7				5	9	
		9			1	3		
	5	8						9
	7		3	5				
			7	8	4	◯		3

	S				K	U	R	D
	R			S				O
				U		I		
	K	D			S			U
			K		U			
U			T			K	G	
		I		T				
D				K			O	
R	U	G	S				D	

G O U R D K I T S

3		7		1				4
					6		5	1
	2	6					9	
4			7	9				
	3	5				1	7	
				3	5			2
	7					5	1	
5	4		8		◯			
9				7		8		6

O				A	J	S		
H	E					A		
K			O	T				
		O						J
		H	O	N	K	S		
A						O		
			K	S				N
	K						J	S
	H	T	J					E

J	O	H	N	K	E	A	T	S

		4	8			6	2	7
1	2			6				
6	7	5	◯					
				3	7	4		
		2				7		
		9	5	8				
						5	6	9
				9			4	2
9	5	1			2	3		

	N		E		T	G		
			L	O	U	I	E	
L				N				
I							U	
E		L				D		I
	D							T
				L				G
	L	O	U	I	E			
		U	N		G		L	

L O N G I T U D E

9

★

9		4	3	6				
	8					4		6
	2	7	◯		1			
			6		3			5
		1		5		6		
3			2		4			
			7			3	6	
8		5					2	
				8	6	9		1

O			T	M				
R	A	T	E					O
		M				R	C	
			M		E			
	F			O			T	
			R		C			
	O	E				H		
A					F	O	R	M
				H	M			A

C A M E F O R T H

	5				2			8
2				1				7
4				3	9	1		
5		6					8	
	9	8				2	1	
	3					6		5
		5	1	4				6
6				7				4
8	◯		2				5	

				R	N			T
W	O	R	K					
			O	E			L	
N	W	K						
E		C				W		N
						E	K	C
	E			N	T			
					C	R	E	W
C			R	K				

T	O	W	N	C	L	E	R	K

★

	5		7				1	9
7			6	3			8	
9	8	3						
		6			4			
	2	5				8	9	
			3			1		
						9	5	1
	4			8	2	◯		7
3	6				7		4	

		I	O	R				
	O			V				E
F				I	R	O	N	
			U		F			
	N		R		F		I	
		M		I				
M	I	N	E					O
V			I				N	
				N	U	V		

U	F	O	V	E	R	M	I	N

★

9	5				7			
		7		3		4		9
	1	3		9				
5					8	2		◯
	3		4		2		6	
		8	1					7
				1		3	9	
1		9		4		8		
			7				1	4

			D	A				
D	A	R	K			G		
Y	O		U					A
			W		O			
	W	D				U	K	
		G		U				
R				U			O	D
		O		G	R	A	Y	
			O	Y				

G A U D Y W O R K

★

	7		6		4	3		
6		4					1	
		3					6	2
2				7			3	
3			1		2			4
	5			8				1
9	6					7		
	4				◯	1		5
		1	5		7		2	

		E			S			F
R				E				D
	O	D		M				
E	R			S				
		I	D	E	A	S		
			F				A	O
			R			O	M	
D			I					S
M			S			I		

A S I D E F R O M

1	2	3	4					
		6		2		7		3
				6			1	
	5				4		9	
7			9		1			2
	9		6				3	
◯	7			4				
4		9		1		6		
					8	3	2	4

A	G						T	
		E			D			H
D				R			G	
	H				E		A	
		T	H	I	R	D		
	I		G				S	
	E			A				T
T			E			R		
	R						I	S

S	I	G	H	T	R	E	A	D

★

1				2	4			
5		8			9			
		3				8	2	
9		4	3				6	
			9		8			
	6				1	3		7
	5	2				6		
			5			1		2
			4	7	◯			9

A					I			Y
		R		E	D		W	
				R	A	I	L	
I		Y						B
	E						Y	
B						D		I
	Y	A	R	D				
	B		W	L		Y		
D			A					R

B	R	I	D	L	E	W	A	Y

★

		5	4	1		9		
	9		7				6	2
	2			3				4
	8				3			6
		4				2		
9			5		◯		1	
7				8			2	
1	3				7		9	
		6		4	1	3		

T			O			S		
				S	I	D	E	
D			H	E		O		
	H							U
	S			O			I	
E							F	
		U		F	T			O
	D	I	S	H				
		F			O			H

F	I	S	H	E	D	O	U	T

	2		4			6		
		3			8			9
	9						8	4
			6	4			3	
6		5				9		2
	8			7	2	◯		
2	3						1	
4			8			2		
		8			3		5	

E			W			A		
K					L	O		S
	N			O	E			
S						R		
		N	O	R	S	E		
		E						K
			R	W			O	
R		K	L					W
		L			N			A

E A R L K N O W S

★

		2	9	6				
	9					6		
3	1		5	4			◯	9
1	6							2
		7		5		9		
5							3	4
9				3	8		1	6
		1					8	
				7	4	5		

I	E					L	
O			R		I		
	S	L	I	M	E		
M		R					
E		R		I			L
					R		I
		M	O	L	D	S	
	O		E				M
	M					R	T

O	L	D	T	I	M	E	R	S

19

★

				1		2		5
			6	2		9		
6	5		7					
7	6				2	5		
3	2						9	6
		1	9				3	2
					8		2	1
		8		7	3	◯		
9		3		6				

	L	E						C
		C		N	I			
W	I	N			Y		H	
C			W			Y		
			L		H			
	W			Y				H
	Y		R			W	I	N
			H	I		L		
L						H	C	

N	E	W	L	Y	R	I	C	H

★

		1	3	5		2		
7					2		5	
4	5					6		
3					8			4
			7	4	1			
8			9					7
		8				◯	6	2
	2		8					3
		3		7	9	8		

		T	O	U	R			
	U	E			P	O		
D				T				S
	R	P					D	
O								P
	E					K	O	
S				K				R
		D	T			E	P	
			P	R	O	S		

S	T	U	D	P	O	K	E	R

MEDIUM

★★

	8				5			2
				6	2			9
		9					7	1
7		◯	1			3		4
		4		7		1		
9		5			6			8
8	9					5		
5			6	9				
1			5				4	

O	L	D						E
	T	L		E				
K		E			D	L		
				T		H	A	
E								O
	A	O		K				
		H	A			K		L
			K		L		H	
A						S	O	D

| T | A | K | E | S | H | O | L | D |

★★

	7					3	8	
		3						1
8		6		7			2	9
1		2	6					
			4	8	5			
					2	7		3
3	2			1		4		7
5						1		
	1	8					3	

	H			F	U	I		
D		C			H			
	F		D			H		
O	U	I				D		
T								C
		H				O	U	I
		O			I		D	
			U			T		F
		D	F	H			O	

D	U	T	C	H	F	O	I	L

★★

1							4	3
	5	4						8
7		8				9	2	
5			3	6				
	8		4		5		9	
				9	1			6
	7	3				2		4
6						8	7	
2	4						◯	5

L					G	S		
G		U					I	
S		V			I			
Y				G		T		
		S	I	L	T	Y		
		I		U				V
			L			I		T
	Y				V		L	
		E	T					U

| V | I | L | E | S | T | G | U | Y |

★★

	4	6						9
		9				3	8	6
			3			7		
				2	6		5	3
			9	5	1			
7	5		4	8				◯
		3			4			
4	2	8				6		
1						8	4	

O					C	T		
		T	H	F				
A	R			T				H
				H	E	A	R	
	O					H		
H	E	A	R					
T			R			C	E	
			N	E	O			
		C	O				A	

N	O	R	T	H	F	A	C	E

★★

1		3		5		7		9
	6		8		9	1		5
	4							
				4	6			8
		4				2		
6			3	1				
				◯			7	
4		7	1		5		3	
5		1		7		9		4

			L	V				
T			U			C		V
		L	P				T	
P					L	I	A	R
V								T
L	I	A	R					U
	A				I	P		
I		R			V			C
				L	R			

V	I	R	T	U	A	L	P	C

★★

6		5		2		9		4
	1				4	3		
	4					2	7	
5			2	6				
			5		9			
			4	8	◯			6
	5	8					1	
		2	1				5	
1		3		5		7		9

U			I			T		
					F	A	R	
	T	P						U
	P		W				F	
W		F		I		P		T
	R			P			I	
R						W	U	
	O	U	T					
		I			R			A

W	A	I	T	U	P	F	O	R

★★

		3		8	7			
9			4			2		
4		6					8	9
5		7			9			
3	9						2	7
			8			1		5
2	6					5		3
◯		5			2			8
			7	3		4		

H	E	A	T				S	
		U						
		N	A	S			Z	
L				H			U	T
	H				N			
N	S		Z					A
	N			E	T	S		
				A				
	H			S	E	A	L	

H	A	Z	E	L	N	U	T	S

★★

		5	8				3	
8	9		3	4				
3					5	2		
9				7	3			
	8						7	
			9	1				2
		9	1					8
				9	4		5	3
	3				7	4		◯

		A	L					C
	T		H			E		S
H	S			E				
L	H							
		C	A	K	E	S		
							I	T
				L			T	K
E		H			C		S	
S					H	L		

C	H	A	L	K	I	E	S	T

★★

	9			2	5			
8		3	6					
						5	6	
4				9	7			8
	3						7	
5			3	4				1
	7	1						
					9	4		6
◯			5	1			9	

						M	A	D
M		A					F	
		O	A		V			
		V		T	E		M	
A				V				E
	M		D	A		V		
			M		F	R		
	D					A		M
T	O	M						

MADEFORTV

★★

					6		1	8
		6		5	1			
3		5					◯	
4	8		2				6	
		2		8		1		
	7				9		8	4
						4		1
			5	2		7		
7	5		4					

	A	R					T	
			R	A				
C	H	O	W			A		
		E	H				W	
A								P
	C				A	O		
		P			C	H	O	W
				O	R			
	O					P	A	

W H E A T C R O P

★★

		7	9			6	1	
				8				
	8		6	3	1		7	
	7				8		4	
		1				9		
	9		4				3	
	2		7	1	4	◯	9	
				2				
	1	3			6	7		

P			E		O		
N						S	P
				P	A	C	E
			C	O			
	O	Z		A		N	R
				N	R		
C	A	R	S				
	P	S					A
			R		A		S

Z	A	P	C	E	N	S	O	R

★★

1		3		6		9		7
	7		5			2	4	
	1	5	9		6			
8								3
			2		8	4	1	
	9	1			5		2	◯
6		2		8		1		4

	S			O	L	T		
								D
			H					O
E	H				D		L	
		W	E	L	S	H		
	D		O				E	T
W					I			
H								
		O	S	T			W	

D	I	S	H	T	O	W	E	L

★★

	3		7			2	9	1
			8	3	5			
							5	
				9		7		3
4		7		5			◯	
	9							
			1	7	3			
3	6	5			4		1	

		U	C					
				U	Y			I
		L			T	R	U	E
R		I						
Y		E	R		L	T		F
						I		R
L	I	F	E			Y		
E			T	R				
					I	E		

F	L	I	R	T	Y	C	U	E

★★

	5	6						7
7	2			6		1		5
				3				
		2	6			7		
			9	7	3			
		1			2	3	◯	
				4				
3		8		5			1	9
5						2	7	

R	V		L					
	T		R	E				O
O	L	E						
		O	F	I				V
	E						I	
I				L	T	R		
						O	L	E
V				S	E		T	
					L		V	R

F	I	R	S	T	L	O	V	E

★★

			9					
		8		5				4
4	9		8		7	3		
		9			5		3	
3	5						7	8
	7		4			1		
		7	3		2		1	9
2				7		5		
					4			

	N			Z		E		
	H				N		O	S
L	O	S	E					
				Z				P
N			S		E			U
U			H					
					H	O	P	E
S	P		Z				H	
		H		L			N	

P L U S H Z O N E

★★

	1	6				4		7
	3				5			
		9	1		7			
7	6				2			4
			6		8			◯
4			7				6	2
			9		1	8		
			5				4	
6		5				2	1	

	V			T				R
	T					G		B
		B		R	G			
I					V	H		
		E	I	G	H	T		
		H	A					I
			G	H		R		
R		A					E	
T				A			G	

G A V E B I R T H

★★

3				2		8		
	2	1		5	8	4		
	7							
	9	3		4		1		
2								5
		6		8		9	7	
							6	
◯		2	8	9		5	3	
		7		3				9

I						G		
O	S		F					
	E				S	H		
G		N	E					
		E	I	G	H	T		
					F	E		G
		I	T				G	
					G		E	N
		F						H

F I N E S T H O G

★★

			3			5	6	
3			4		5	9		
		5		9				
	5			1	4	2		
		3	8		6	4		
		6	5	3			1	
				4		6	◯	
		8	6		2			3
	3	2			7			

I				B	A	T	H	
		H		I		E	B	A
R		B			I			
		I	H		T	B		
			A			I		H
S	K	R		A		H		
	B	A	R	S				I

S	H	A	R	K	B	I	T	E

★★

		9	7					4
1				8	4	7		
2				5			1	
	8	7						
				1				
						5	9	
	9			6				5
		5	1	4				6
3					7	8		

		E	H				I	
	H	A	I	L			E	
T	I		A					
			L					
F				T				L
				G				
				I			F	W
	G			H	A	I	L	
	W			L	H			

| W | H | I | T | E | F | L | A | G |

★★

8	2	5				6		
			8	5		4		
					9		3	
					6	3		7
2		◯						1
7		8	3					
	4		1					
		2		9	8			
		1				2	4	6

				R				
	T	H		A				F
					W	E	N	T
	I		W				T	
	H		I	E	F		R	
	F				R		E	
N	E	A	R					
H				W		T	A	
				H				

W	A	F	E	R	T	H	I	N

TRICKY

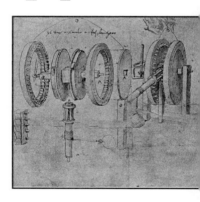

★★★

	7	2						
					4			9
1				6	7		5	
		5	6				7	
2				4				3
	3				9	5		
	5		7	9				6
4			1					
						3	1	

	E			F	S	K	T	I
T	F	K						W
		W						T
		S	K	I	E	R		
K				T				
E						W	I	K
I	R	O	F	W			E	

S	T	O	R	K	W	I	F	E

★★★

								8
			7			9		2
					3	5	6	
	3	8	4				5	
			1		5			
	1				9	6	7	
	8	1	9					
7		9			6			
5					◯			

		R		G	A	M	E	
	A			M		N		T
	G		N		T			I
R			H		E		G	
H		T		N			I	
	M	E	A	T		H		

N	I	G	H	T	M	A	R	E

★★★

					3			
		9				3	1	2
8	6						7	
3	8				5	2		
4				3				9
		6	1				3	7
	3						2	1
2	4	5				6		
			6			◯		

	W		E		L	O	G	
								S
S		G	R					
G		W					T	
		L	T		R	G		
	R					W		O
				S	R			L
A								
	L	O	G		T		E	

W A T E R L O G S

★★★

	4					9	3	
		7	6		3			4
8		5						
2	9			8				
				4			7	5
						1		7
4			3		8	2		
	6	2					5	

S	M			I				
H								T
		T	M		S			A
						T	S	
		S	H	A	K	E		
	E	I						
T			I		A	F		
K								H
				E			T	S

M	A	K	E	S	H	I	F	T

★★★

1			8			9		
	9			7		2	6	3
			9				4	
	1	3						8
	8						5	
5						3	1	
	6				7			
7	2	9		4		◯	3	
		1			3			7

				S				T
I					T		S	
E				A	C	I	D	
C						L		
	O	T				S	I	
		L						C
	S	A	L	T				I
	I		A					E
T				O				

D I E T C O L A S

★★★

5								
3	7				4			9
	4				5		7	
4	9			6	3			
	3	8	4		7	9	1	
			8	9			6	4
	8		3				4	
7			5				9	1
					◯			8

	H		T	O	E	S		
			M		H		O	
O						T		
		F						S
T	I						R	H
E						I		
		M						I
	S		H		I			
		T	O	E	S		M	

F	I	R	S	T	H	O	M	E

★★★

1			3		9			
	2	6						5
		3		4				
3			4			9		
	8	1		5		6	4	
		4			6		○	3
				1		7		
2						1	8	
			8		4			9

	D	O	W	N				
I	W			E				
		C	D				W	
		A	D				C	E
	O						N	
N	E			C	W			
	I				C	R		
			A				O	I
			W	I	N	D		

I	A	N	C	R	O	W	E	D

★★★

						4	5	
			4			1		2
			1	3	◯			
			3		5		9	1
6				2				3
8	3		6		4			
				6	1			
9		7			8			
	1	2						

		S	H	O	R	T		
	U		N					
T			U					R
		F	S			D		
S	R						H	T
		D			T	F		
N					H			O
					D		F	
		H	O	R	N	S		

F O R D H U N T S

★★★

		◯	7		1			
		5	4	3	2	6		
	4						9	
2	7	4				3		
	3						5	
		9				1	8	7
	9						1	
		2	3	1	9	7		
			5		4			

H					D	O		
	D	E	O				U	
U			H					
D		R		T				
		C	L	U	E	D		
				O		C		U
					C			R
	T				O	U	C	
		D	E					H

H	E	L	D	C	O	U	R	T

★★★

7		5		8				2
				1		6		7
	1	9						
	9		1					
	2		3		5		8	
					9		7	
		◯				2	6	
9		1		2				
5				9		1		4

		N			P			U
D	E	M	O					N
Y								
	Y		D				E	
			P		O			
	D				U		S	
								S
S				M	O	D	E	
E			Y		M			

P	S	E	U	D	O	N	Y	M

★★★

	5							
3		7		5	1			8
9				4				6
7		6		2				5
	8						1	
1				8		7		9
4				7				1
8			4	6		9		7
					◯		2	

L	E						H	
		H	E	A	T			
			L					G
	V		E					I
	L	A				V	G	
G				T		W		
V			H					
	W	A	V	E				
	A				W		V	

L I G H T W A V E

★★★

7			5			3		
	5	1					8	
				8		◯	9	
9			8	6		2		
		3				5		
		4		5	7			6
	3			4				
	8					1	5	
		9			5			3

	T	R	Y			V		
	O	E						
V			T	U				
T					V			
H		U				T		I
			O					Y
				V	Y			R
						Y	E	
		H			O	U	T	

H	I	T	V	O	Y	E	U	R

★★★

	8					1		
1	2	3	4	5				
9								
	6	1	5					3
7								1
5					2	9	6	
			◯					2
				4	7	6	1	8
		8					4	

		L		Y				E
		K					O	
	E		L				M	
				K			C	L
		U	N	C	L	E		
N	L		E					
	Y				N		L	
	U					M		
L				M		C		

L U C K Y O M E N

	1		9			5		
5	7							9
		6		2				8
1	2	3	4	5				
				1				
				8	9	2	1	3
7				6		9		
6							3	1
		9			8		5	◯

	D					I		H
T						V		A
				I	D	O		
			I	O	A			
		E		A				
		O	V	W				
	I	D	O					
O		W						V
V		H					W	

W	H	A	T	V	I	D	E	O

								6
				3	6			
8			7	4			9	3
		3		6			4	1
9	4						8	2
1	5			9		3		
3	8			2	7			4
		○	9	1				
4								

		T	O		P	L	A	Y
	O		A		L		P	
					T			
P	T				Y			
	S						O	
		A					L	T
		D						
	A		L		Y		I	
L	I	S	T		O	P		

D	A	I	L	Y	P	O	S	T

★★★

		3			7	4		
		7	2					
			6		3	2		5
		1				8		9
9				6				3
8		6		○		1		
1		5	4		2			
					8	6		
		2	3			5		

								D
		W	I	N	D		O	
			O			W	S	
N				O		T		
		D				I		
	T		S					N
	O	H			U			
	S		D	O	W	N		
U								

W	H	O	D	U	N	I	T	S

★★★

				◯				
			1	4	8	9	2	
			6		9			8
	5		3			8	1	
2		1				4		6
	8	7			6		5	
8			4		2			
	4	2	8	6	5			

	P	O	R	E				Y
			U	Y		S		
		U			O			P
E								
	Z	R				O	V	
								S
O			P			Y		
		V		S	U			
P				O	V	E	R	

P U R V E Y S O Z

★★★

3					9		5	8
		1	2	5			6	
	6	2	1			8		
				9				
		8			4	5	1	
	3			8	6	2		
8	4		7		◯			3

O		S				I		
	L		O		D		S	
			U			H		
		E		D				
		O	H	Y	E	S		
				O		L		
		U			L			
	O		D		I		H	
		H				D		S

H	I	D	E	O	U	S	L	Y

★★★

2				1				
5			4		2		1	3
			5		3		8	
3	8						6	
	1						7	
	2	◯					9	4
	6		1		8			
4	9		2		7			8
				4				6

	L	O	S	E				
		K	U		N	E	D	
					N			
							L	H
	N		S		D			
K	D							
	S							
	E	D	N		S	H		
			L	O	S	E		

E L K H O U N D S

2					9	7	8	
			2				3	
	5			1	8		9	2
					2	4		
		8	5		1	9		
		2	8					
7	8		9	2			4	
	2		◯		4			
	4	9	1					5

T				S		I		
I		W						
	S						T	L
					S			H
		H	O	W	D	Y		
O			Y					
S	L						D	
						W		Y
		D		L				T

W	H	Y	S	T	O	L	I	D

HARD

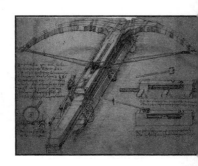

★★★★

	2			8				
		3	6	2	1			
	7	8				1		
3					8	7		
	6	4	7		9	2	3	
		7	4					1
		1		◯		4	9	
			3	9	6	5		
				4			2	

					U			
	H	P	I				D	
				P	R	I	E	
	R	H			I	E		
	P						R	
		D	P			T	U	
	D	I	E	U				
	E				T	D	I	
			H					

P	R	I	Z	E	D	H	U	T

★★★★

	9	3						◯
	1			5	8		6	3
					4	2		5
	8		4					
	6	2				3	8	
					2		7	
9		7	2					
8	2		3	9			5	
						1	9	

	O		T				H	
					L	A	T	E
	A		H			S		
			L			T		
H				A				O
		W			T			
		T			H		S	
S	H	O	W					
	L				S		Z	

W A L T Z S H O E

143

★★★★

			6		9	2		
		3	2				8	
				1			3	
	2	7			5			1
		1		8		7		
6			1			3	5	
	3			9				
	6	◯			3	9		
		9	8		4			

	R			I		M		S
							I	E
U		I				R	N	
				U		E		
		B	R	A	I	N		
	U		E					
	N	U				I		A
B	M							
E		S		N			M	

S	U	B	M	A	R	I	N	E

★★★★

		2						3
5	9		4		3		6	
	6							4
		3	6		5		7	1
			1		4			
1	5		3		8	4		
6							2	
	8		2		6		4	9
2						1	◯	

		I		U				
		R					D	
U			D			M		N
	N							E
		P	E	T	R	I		
I							U	
T		D		M				R
	I					N		
				D		P		

I M P R U D E N T

★★★★

2		7			4			8
	4	3	6			9		
	5							
		5			8			7
				2				
8			5		◯	1		
							6	
		4			7	2	1	
9			2			5		4

M	N				H			E
R	B				A	M		
	H	M	E					
B	O	N			R			
		S				B	O	N
			N	B	H			
		R	H				B	A
H			A				N	S

A	B	H	O	R	S	M	E	N

★★★★

				2	1			4
						1	2	
		5	4				8	
5		7	3					8
1	4						3	6
3					8	9		7
	5				3	6		
	3	1					◯	
9			6	8				

	S	T	A	R		O		L
H		O	I					
I							T	
				I	O			
		W	H		L	A		
			S	A				
	R							W
					I	L		T
L		I		W	A	R	S	

S	H	O	W	T	R	I	A	L

★★★★

5	7		2					
		9		6				4
	6				1			
				4		7	1	
4			9		6			3
◯	8	5		7				
			7				4	
3				5		6		
					8		2	9

			O				S	
				K		T	E	L
		E	A	S	T			V
	H					L		
E								K
		S				H		
H			L	A	K	E		
A	S	K		T				
	E			S				

T H E S L O V A K

★★★★

6		8		3				
7			2					5
			8	4	7			
		2		9	4	7		3
4								6
9		3	6	2		5		
			4	5	8			
3					2			8
		◯		1		4		2

I					A		O	
	S	H	O	R	T			
			M					H
	A	M			R			
	T						S	
			I			H	A	
E				O				
			T	I	M	E	R	
		I	R					S

A E R O S M I T H

****

6	9			5				
						9	6	3
					3			8
	6		5		9			2
	8	9		3		7	4	
2			8		1		9	
8			4			○		
9	4	5						
				1			5	4

				M	E	R	C	I
						E		U
	C			T	R			
U								
	R	E		O		T	I	
								O
			R	S			M	
S		O						
M	E	R	C	I				

T	O	M	C	R	U	I	S	E

★★★★

					2			7
		3	9		1		5	
4							8	
	8				9	7		1
5		1	6		◯		4	
	7							8
	2		4		8	5		
9			1					

	E				B	I	R	D
					R		B	
	B		Y				H	
D				A		Y		
			R		Y			
		E		T				B
	R				A		I	
	H		E					
B	A	T	H				Y	

| H | Y | B | R | I | D | T | E | A |

★★★★

	2	4		6	5			
1						2	9	
			3					4
	9						3	
			6	7	9			
	8						6	
6					2			
	3	2						9
	◯		8	5		6	2	

				E		D		K
					D	A	M	E
	E		U		M		O	
	A	E				U		
O								M
		T				O	E	
	O		K		N		D	
E	D	N	A					
A		K		T				

N	U	K	E	D	A	T	O	M

★★★★

	1	7	8	9		4		
5						2	8	
4		8						
		5			3			
	○		1	2	7			
			9			1		
						8		6
	4	6						5
		3		7	5	9	1	

		E		S		I		
	I		A				R	
	R	A	C	E				
				N				S
G								R
E			H					
				C	A	R	S	
	E				H		G	
		C		N		A		

S	E	A	R	C	H	I	N	G

★★★★

9		6	7	4				1
			1	9	5		3	
						5		
7		3				9		
			6		9			
		9				2		5
	○	7						
	4		9	5	6			
5				8	7	4		6

S		G	L	A	M		E	
				N	G		A	M
	M					L		
		L	G				N	
	A				U	E		
		A					S	
L	S		M	I				
	G		S	L	A	M		E

S	A	N	M	I	G	U	E	L

					4		5	3
		6		8				
5			9	3			2	
		7	3		5		4	
	1		2		7	3		
	6			7	3			4
		◯		5		6		
7	9		4					

	R				D	E	C	
	M	T		O	A			D
		E					O	
			D			T		
E				T				R
		D			R			
	D					N		
R			N	D		O	T	
	O	C	T				R	

D	O	C	M	A	R	T	E	N

★★★★

			7				8	9
			8			2		6
	2			9		3		
	1		9	7		4	3	
		◯						
	9	2		5	4		7	
		5		3			9	
1		4			9			
7	8				6			

		S	O			H		
	O					K		
					H		N	
K			I	N				S
	I	N	H	A	S	T	E	
A				O	K			I
	T		E					
		O					I	
		H			I	O		

S	H	A	K	E	O	N	I	T

★★★★

	1	3	7	8				
				3				9
5				2	1	8		
3		1					9	
4								6
	9					7		3
		5	8	6				1
2				7				
	◯			5	4	3	8	

								A
			A	U	D	R	E	
		A				Y	N	
D	E		A					
			N		O			
					R		A	L
	A	U				O		
L	O	R	D	E				
N								

ROUNDELAY

★★★★

	4				3			
6			2			3		8
3		9		7				
	9		4				7	
		1	7		5	9		
	8				9		1	
				9		4	◯	2
2		5			7			9
			8				3	

					E	V	A	
C					A			
					T	I	C	O
						A	V	
A	C						M	I
	V	B						
T	I	C	O					
			T					M
	E	O	V					

COMBATIVE

★★★★

	5				1	9		
6				8	5			3
			6			4	5	
	4					3		
7	2						9	1
		9					4	
	6	4			8	◯		
8			3	6				4
		3	5				7	

		R				E		
H	O				E			N
	A	L	T	O				R
				E			H	
			O	I	H			
	I			L				
L				H	O	R	N	
N			E				A	H
		A				O		

L I O N H E A R T

★★★★

9	7		6	2				
	3	4	9			5		
2			3					
		9					7	
	6		8		1		4	
	2					9		
					6			7
		2	◯		9	6	1	
				7	3		9	8

B	O	R	A		D			
E								O
	D			F				
	B			O	E			
D								B
	F	T			D			
		E			F			
O								D
		D		B	O	R	A	

| F | O | L | D | E | R | T | A | B |

★★★★

	7		2	5	8	1		
	8	9			4			
		2					7	
9				2				
5	4			1	◯		9	2
				8				1
	3					9		
			8			6	1	
		6	9	3	7		4	

				D				
	D	I	E	T			R	
	H				R			
W		E		I	T	A		
		D	R	E		W		N
			D				H	
	W			R	I	T	E	
				A				

H	A	N	D	W	R	I	T	E

CRUEL

★★★★★

		9		7		1		
	8			3			9	
6								
	4	2	3			8		
3	7			2			1	6
		6			8	4	3	
								9
	9			1			5	
	◯	4		8		6		

		H		P				L
		O			B	A	T	H
			O				S	
				O		T	A	
O								B
	B	S		L				
	H				T			
S	O	A	P			B		
L				A		H		

T	A	B	L	E	H	O	P	S

★★★★★

5					2			7
				6			9	
4					5	3		
	2	4				6		1
			2		1			
3		1				9	7	
		9	3		◯			5
	8			5				
2			7					4

							R	N
			R					
	N			C	O	S	T	A
		S	N			O		T
		T		I		R		
I		O			C	A		
R	I	C	A	N			O	
					R			
O	T							

F	R	A	C	T	I	O	N	S

★★★★★

	9				6	3	4	1
	8			4	1			6
					4			7
1				2				9
5			9		◯			
9			1	3			7	
7	2	4	8				5	

	O		L					
		I	K					
C	L							E
		J			E	T	C	
I			O		T			H
	E	T	C			K		
T							L	C
					C	I		
					I		H	

L I T H E J O C K

★★★★★

	5					2	1	4
				6	2			
					3	6		7
4						9		
	9		8		1		6	
		2						3
8		6	2					
			6	1				
2	1	5		◯			3	

							R	D
F			D					
			S	L		O	U	
U			L					
		H	O	R	D	E		
					U			S
	O	D		S	H			
					E			R
H	U							

H	E	S	R	U	D	O	L	F

★★★★★

		8			4			
1			7	5			8	
7	5				3			
	4			8				7
2	7						9	8
8				3			6	
			3				4	2
	1			6	2			9
			1	◯		5		

L	P					M		R
		B	U	M				
	M			P	L	C		
P				B				U
			L		M			
R				U				E
		P	C	L			E	
				R	A	P		
M		C					R	L

C	L	A	M	B	E	R	U	P

★★★★★

	7		5				9	6
	5		3					4
8				1				
5					3	9		
	9			2			1	
		4	8					5
				5				8
1		◯			8		5	
9	8				6		4	

		T	I	E		W		
		I			T		E	
			W	L			T	
H								D
	M	W				Y	L	
I								H
	D			I	W			
	W		M			I		
		H		D	Y	E		

W	I	L	D	T	H	Y	M	E

★★★★★

8		9	6				7	
						6		3
6		3	7					9
	3				6			1
		7	1		5	3		
1			3				6	
7	◯				3	2		5
9		2						
	8				4	7		6

	I			N				W
				E	R	H		
A		E						
N		A		G				I
		T	W	A	N	G		
W			R			N		A
						A		T
	N	A	W					
H				G			E	

W R E A T H I N G

★★★★★

7			2			6	1	
					1			
9				4		3		
1				8		9	2	
	◯			1				
	8	5		6				4
		4		9				6
			6					
	1	6			4			8

					L	U	K	E
	Z		U			H		L
				K				
Z	D					O		
			L	S	D			
		U					E	D
			D					
H	S				U		O	
D	U	K	E					

H U L K D O Z E S

★★★★★

	1			6			3	
5	3	2			8			
						2		
					6	8	5	
		5	8		3	7		
	4	7	9					
		3			◯			
			4			3	1	2
	7			8			4	

								E
			A	O	C			B
L		A		C	H	O	P	
				C			O	H
	O						R	
E	H		P					
	C	H	O	P		R		L
R		P	H	B				
O								

H	E	L	P	C	O	B	R	A

★★★★★

					1	4		6
					2	7	3	
	3	7						○
	6		1		4	3		
		1		8		5		
		3	9		7		1	
						8	9	
	7	6	4					
9		2	7					

			H	I	N	T		
E							D	
		T			E	W		
		A			H			N
	I						A	
D			N			Y		
		N	E			I		
	Y							T
		H	I	N	T			

W	I	N	T	H	E	D	A	Y

★★★★★

						1	9	
				2		3		6
	1	6	7					
9	3			4	6			
			3		5			
			9	8			7	3
					4	2	5	
6		9		1				
◯	2	4						

		T			G	E		
			S		H	G		T
G				R			S	
		F					I	
		R	E	G	I	S		
	I					H		
	O			F				S
T		S	G		E			
		H	I			T		

G I F T H O R S E

★★★★★

						1		
				4		7		3
9			6		1		4	2
			7			4	3	
7			9		6			8
	1	2			5			
4	8		1		9			7
2		3		5			◯	
		1						

E	G		M	A	H	I		
T			G		S		E	M
						H		
				G			H	
		A				T		
	T			N				
		T						
H	S		T		G			N
		M	A	H	I		T	S

S	A	M	E	T	H	I	N	G

★★★★★

							8	
3				6		7		
7			3				9	4
2		7			3			
9			7		5			8
	◯		8			9		3
4	9				8			7
		5		4				1
	6							

		L	S	T				
	K		M	O	L	E		T
S							O	
	M	K						
E			I		M			K
						O	M	
	I							N
L		S	K	I	N		E	
				E	S	K		

M	I	N	K	S	T	O	L	E

★★★★★

7			4			8	5	6
8		2	3					
							7	
4		9			5	6	1	
				6		◯		
	8	6	2			4		5
	9							
					2	9		1
2	1	7			8			4

			E			B	S	
N				B				K
I				G		N	E	
B	A	N	G					
S								B
					B	A	N	G
	S	B		L				N
G				K				S
	L	E			S			

B	I	G	A	N	K	L	E	S

★★★★★

3	2		1					
9			3				8	
		4						
	3	5	9				6	
		1	4		6	7		
	7				3	2	9	
					5			
	6				8		◯	4
					5		2	9

			H					
A				R				
H	B					E	I	
R		A			H	F		
		F	E	A	R	S		
		I	B			A		T
	I	B					T	S
				T				A
					F			

F R E S H B A I T

★★★★★

	2					3		
7	3	9	4				2	
					8			
		1			2			7
5				8				9
8			1			2		
			6					
	5	◯			9	4	1	2
		4					5	

					O			
			D	R	Y		O	
				E		T		D
	S				E			U
D		Y				E		V
E			U				Y	
O		U		V				
	Y		R	O	T			
			S					

| O | V | E | R | S | T | U | D | Y |

97

★★★★★

8						5	7	4
	9		3		4			8
		8		2			4	6
		5	8		7	9		
6	7			4		2		
9			6		8		5	
4	5	3						2
◯								

		E	D			T	
	N						
		C	O	N	E		A
T						C	L
		D		C			
L	A						E
N		H	E	A	D		
					E		
	O		T		H		

DECATHLON

★★★★★

			3		4		5	
1								
	2	3				9	8	
6				1	9			7
3			2	8				1
	6	9				1	2	
	5		4		1			6

			E					D
N	Y	A	H					
		R			T	A		
H					E	W		
	E						Y	
		W	A					N
		D	W			T		
					N	Y	A	H
R					A			

T A W D R Y H E N

★★★★★

					1	7	5	
		8						6
7	2		9	6				
	8		6	9			1	
			7		5			
	9			4	8		7	
				8	7	◯	4	1
4						6		
	1	2	4					

	O		L				I	
N				I				H
			C		H			
		H				G		
E		L	I	N	G	O		C
		G				L		
			O		T			
I				C				T
	H				I		E	

O N E G L I T C H

★★★★★

	2						1	
			2	6	7			3
		6			5			4
			9			1	4	
		1				3		
	9	5			4			
8			5			9		
9			3	7	8			
	3				◯		8	

					A			N
S				V			I	
E	N	D	S				V	
Y						I	N	V
I	A	N						D
	V				N	E	A	R
	E			R				I
N			I					

V	I	N	E	Y	A	R	D	S

THE
SUDOKU
CODE

The final answer to the puzzle is
three words. Write those three words
in the blanks below:

_____   _____   _____

Name and address:

_____
_____
_____

See other side for further instructions.

S THE UDOKU CODE

Tear out this page, fill in the other side, and send this coupon (facsimiles are *not* accepted) to:

The Sudoku Code
Sterling Publishing Co., Inc.
387 Park Avenue South
New York, NY 10016

Include a self-addressed, stamped envelope. All correct entries will receive an "I cracked the Sudoku Code" pin.